AF205426

Impressum
Verlag: BABADADA GmbH, Nedderfeld 112 , 22529 Hamburg
Geschäftsführer / Verlagsleitung: Harald Hof
Druck: Books on Demand GmbH, In de Tarpen 42, 22848 Norderstedt

Imprint
Publisher: BABADADA GmbH, Nedderfeld 112 , 22529 Hamburg, Germany
Managing Director / Publishing direction: Harald Hof
Print: Books on Demand GmbH, In de Tarpen 42, 22848 Norderstedt

قوتابخانه

school

پۆل
classroom
دابەشکردن
divide
186/2
تەختە
board
مامۆستا
teacher
کاغەز
paper
نووسین
write
پێنووس
pen
مێزی نووسین
desk
خەتکێش
ruler
کتێب
book
خوێندکار
pupil

چەواڵ

satchel

جانتای پێنووس

pencil case

پێنووس

pencil

تیژکەرەوەی پێنووس

pencil sharpener

ڕەشکەرەوە

rubber

پەڕەی نیگارکێشان

drawing pad

نیگارکێشان

drawing

فڵچەی ڕەنگ

paintbrush

قوتووی ڕەنگ

paint box

مەقەست

scissors

چەسپ، کەتیرە

glue

کتێبی ڕاهێنان

exercise book

کاری ماڵەوە

homework

ژمارە

number

زیدەکردن

add

کەمکردن

subtract

لێکدان

multiply

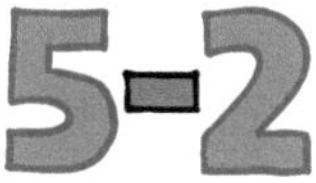

حسابکردن، ژماردن

calculate

A

پیت

letter

ABCDEFG
HIJKLMN
OPQRSTU
VWXYZ

ئەلفوبێ

alphabet

وشە

word

نووسراوە، دەق
....
text

خوێندنەوە
....
read

گەچ
....
chalk

خول، دەرس
....
lesson

تۆمارکردن
....
register

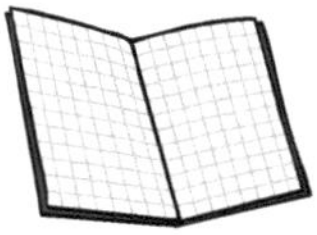

ئەزموون، تاقیکردنەوە
....
exam

بڕوانامە
....
certificate

جلی قوتابخانە
....
school uniform

پەروەردە
....
education

زانیاری نامە
....
encyclopedia

زانکۆ
....
university

میکرۆسکۆپ
....
microscope

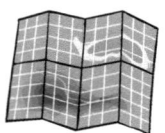

خەریتە، نەخشە
....
map

سەبەتەی کاغەز
....
waste-paper basket

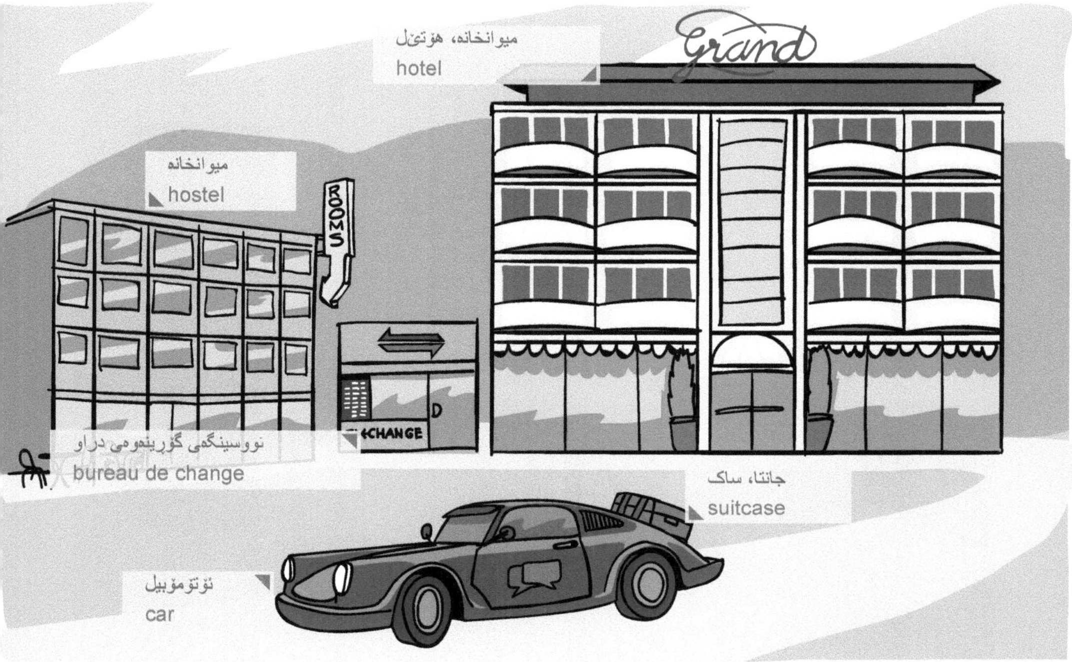

میوانخانە، هۆتێل
hotel
میوانخانە
hostel
CHANGE
نووسینگەی گۆڕینەوەی دراو
bureau de change
جانتا، ساک
suitcase
ئۆتۆمۆبیل
car

زمان
language

بەڵێ / نەخێر
yes / no

باشە
Okay

سڵاو
hello

وەرگێڕی دەق
translator

سپاس
Thank you

بەچەندە ...؟

....

how much is...?

من تێناگەم

....

I do not understand

کێشە

....

problem

ئێوارە باش!

....

Good evening!

بەیانی باش!

....

Good morning!

شەو باش!

....

Good night!

ماڵئاوا، بەخێرچی

....

bye bye

ئاراستە، ڕێڕەو

....

direction

جانتا

....

luggage

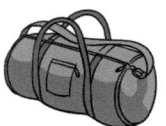

جانتا

....

bag

کوڵەپشتی

....

backpack

میوان

....

guest

ژوور، دیو

....

room

کیسەخەو

....

sleeping bag

چادر، دەوار

....

tent

زانیاری بۆ گەشتیار
....
tourist information

کەناراو
....
beach

کارتی قەرز
....
credit card

نانی بەیانی
....
breakfast

نانی نیوەڕۆ
....
lunch

نانی شەو
....
dinner

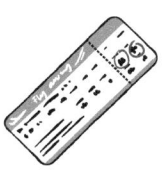

بلیت
....
ticket

ئاسانسۆر
....
lift

پوول، تەمر
....
stamp

سنوور
....
border

گومرک
....
customs

باڵوێزخانە
....
embassy

ڤیزا
....
visa

پاسەپۆرت
....
passport

گواستنەوە

transport

فڕۆکە
aeroplane
کەشتی
ship
مەکینەی ئاگرکوژێنەوە
fire engine
پاس
bus
لۆری
truck
بەلەمی ماتۆڕی
motorboat
دووچەرخە، پایسکل
bike
ئۆتۆمۆبیل
car

کەشتی گواستنەوە

ferry

بەلەمی ماتۆڕی

boat

ماتۆڕ

motorbike

ئوتومبێلی پۆلیس

police car

ئوتومبێلی پێشبرکێ

racing car

ئۆتۆمۆبیلی کرێ

rental car

ئۆتۆمۆبیل هاوبەشکردن

....

car sharing

لۆری ڕاکێشکردن

....

breakdown truck

لۆری زبڵ

....

refuse truck

ماتۆڕ

....

motor

سووتەمەنی

....

fuel

وێستگەی بەنزین

....

petrol station

تابڵۆی هاتووچۆ

....

traffic sign

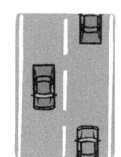

هاتووچۆ

....

traffic

ترافیک

....

traffic jam

شوێنی ڕاگرتنی ئۆتۆمۆبیل

....

car park

وێستگەی شەمەندەفەر

....

train station

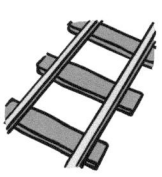

هێڵی ئاسن

....

tracks

شەمەندەفەر

....

train

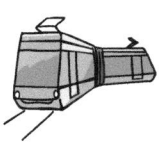

قەتاری سەرشەقام

....

tram

داشقە

....

carriage

هەلیکۆپتەر
....
helicopter

فرۆکەخانە
....
airport

بورج
....
tower

نەفەر
....
passenger

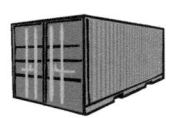

دەفر، کانتینەر
....
container

کارتۆن
....
carton

داشقە
....
cart

سەوەتە
....
basket

هەڵفڕین / نیشتن
....
take off / land

شار

city

گوند، دێهات
....
village

ناوەندی شار
....
city centre

ماڵ، خانوو
....
house

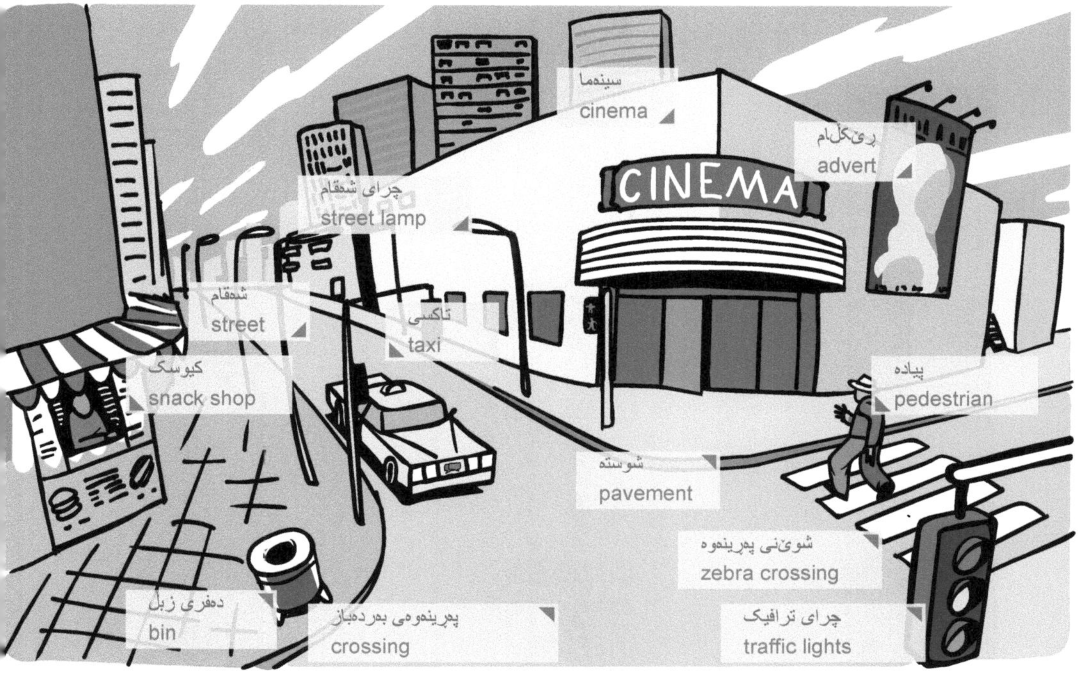

سینەما
cinema
ڕیکلام
advert
CINEMA
چرای شەقام
street lamp
شەقام
street
تاکسی
taxi
کیوسک
snack shop
پیادە
pedestrian
شوستە
pavement
شوێنی پەڕینەوە
zebra crossing
دەفری زبل
bin
پەڕینەوەی بەردەباز
crossing
چرای ترافیک
traffic lights

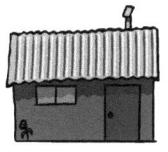

خانووچکە
....
hut

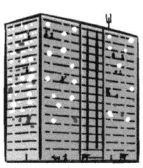

نهۆم، باڵەخانە
....
flat

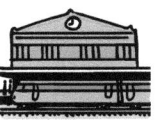

وێستگەی شەمەندەفەر
....
train station

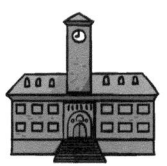

کۆشکی شارەوانی
....
town hall

MUSEUM

مۆزەخانە
....
museum

قوتابخانە
....
school

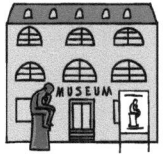

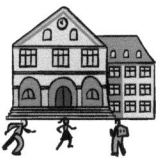

زانکۆ
....
university

بانک
....
bank

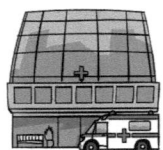

نەخۆشخانە، خەستەخانە
....
hospital

میوانخانە، هۆتێل
....
hotel

دەرمانخانە
....
pharmacy

نووسینگە، فەرمانگە
....
office

کتێبفرۆشی
....
book shop

دووکان
....
shop

گوڵفرۆشی
....
florist's

سوپەرمارکێت
....
supermarket

بازار
....
market

فرۆشگا
....
department store

ماسیفرۆش
....
fishmonger's

ناوەندی کڕین
....
shopping centre

بەندەر
....
harbour

پارک

park

کورسی درێژ

bench

پرد

bridge

پێ پیلکان

stairs

ژێرزەوی

underground

تونێل

tunnel

وێستگەی پاس

bus stop

مەیخانە

bar

ڕێستۆرانت

restaurant

سندووقی پۆست

postbox

تابلۆی شەقام

street sign

پێوەری پارکینگ

parking meter

باخچەی ئاژەڵان

zoo

حەوزی مەلە

swimming pool

مزگەوت

mosque

مەزرا
....
farm

پیسبوونی ژینگە
....
pollution

قەبرستان، گۆرستان
....
graveyard

کەنیسە
....
church

شوێنی یاری
....
playground

پەرستگا
....
temple

دیمەن

landscape

![landscape scene]

گەڵا
leaf

تابلۆی ڕێنیشاندەر
signpost

ڕێگا
way

مێرگ
meadow

بەرد
stone

شاخەوان
hiker

دار
tree

رووبار، چەم
river

گژوگیا
grass

گوڵ
flower

دۆڵ، شیو

valley

بەرزایی

hill

دەریاچە

lake

دارستان

forest

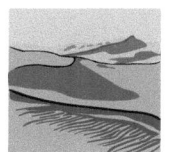

چۆڵەوار

desert

بورکان

volcano

قەڵا

castle

کۆلکەزێڕینە

rainbow

کارگ

mushroom

دارخورما

palm tree

مێشوولە

mosquito

مێشوولە

fly

مێروولە

ant

مێش هەنگوین

bee

جاڵجاڵووکە

spider

قالۆنچە

beetle

بۆق

frog

سمۆرە

squirrel

ژیشک

hedgehog

کەروێشکە کێوی

hare

کوند

owl

باڵندە

bird

قازی سپی

swan

بەرازی کێوی

boar

ئاسک

deer

بزنە کێوی

moose

بەنداو

dam

تۆربینی با

wind turbine

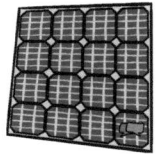

پەڕەی خۆری

solar panel

ئاووهەوا

climate

ڕێستۆرانت

restaurant

خزمەتکار
waiter
لیستەء پێرست
menu
کورسی
chair
سووپ، شۆرباو
soup
پیتزا
pizza
سفرە
tablecloth
چەقۆ و چەتاڵ
cutlery

خواردنی دەستپێک

starter

خواردنی سەرەکی

main course

دێسێر

dessert

خواردنەوە

drinks

خواردن

food

بوتڵ

bottle

خواردنی خێرا

....

fast food

خواردنی سەرشەقام

....

street food

قۆری

....

teapot

قوتووی شەکر

....

sugar bowl

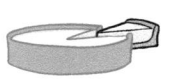

بەش

....

portion

ئامێری سازکردنی قاوەی ئێسپرێسۆ

....

espresso machine

کورسی بەرز

....

high chair

تێچوو

....

bill

کەشەف

....

tray

چەقۆ

....

knife

چنگاڵ

....

fork

کەوچک

....

spoon

کەوچکی چا

....

teaspoon

دەسماڵ

....

serviette

لیوان، پەرداخ

....

glass

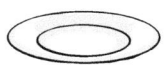

قاپ، دەوری، دەفر

plate

قاپی شۆرباو

soup plate

ژێرپیاڵە

saucer

سۆس

sauce

خوێدان

salt pot

هاڕەری بیبار

pepper mill

سرکە

vinegar

ڕۆن

oil

بەهارات

spices

دۆشاوی تەمات، سۆسی تەماتە

ketchup

سۆسی موستارد

mustard

سۆسی مایۆنێز

mayonnaise

سوپەرمارکێت

supermarket

داشکاندنی تایبەتی
special offer
FOR
مشتەری
customer
شیرەمەنی
dairy
میوە
fruit
داشقە
trolley

دووکانی قەسابی

butcher´s

نانەواخانە

baker´s

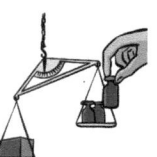

کێشان

weigh

سەوزی

vegetables

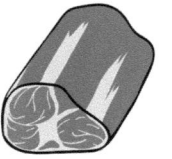

گۆشت

meat

خواردنی بەستوو

frozen food

گۆشتی سارد

cold meat

خواردنی کۆنسێرو

tinned food

دەرمانی بشۆر

washing powder

شیرینی

sweets

بەرهەمی خۆماڵی

household products

بەرهەمی خاوێنکردنەوە

cleaning products

فرۆشیار

salesperson

ژمێرەر

till

ژمێریار، خەزەندار

cashier

لیستی کڕین

shopping list

کاتی دەوام

opening hours

کیسەباخەڵ، جزدان

wallet

کارتی قەرز

credit card

توورەکە، کیسە

bag

توورەکە

plastic bag

خواردنەوە

drinks

ئاو

water

شەربەت

juice

شیر

milk

خەڵووز

coke

شەراب

wine

بیرە

beer

ئەلکۆل

alcohol

کاکاو

cocoa

چایی، چا

tea

قاوە

coffee

قاوەی ئێسپرەسۆ

espresso

کاپۆچینۆ

cappuccino

خواردن

food

مۆز

banana

سێو

apple

پرتەقاڵ

orange

کاڵەک

melon

لیمۆ

lemon

گێزەر

carrot

سیر

garlic

حەیزەران

bamboo

پیاز

onion

کارگ

mushroom

سەموونە، گوێز، ناوکە

nuts

نوودڵ

noodles

ماکارۆنی
....
spaghetti

برینج
....
rice

زەلاتە
....
salad

چیپس
....
chips

پەتاتەی برژاو، پەتاتەی سوورۆکراو
....
fried potatoes

پیتزا
....
pizza

هەمبرگەر
....
hamburger

ساندویچ، دۆندرمە
....
sandwich

پارچە گۆشت
....
cutlet

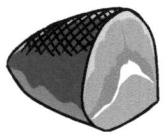

گۆشتی بەراز
....
ham

گۆشتی بەراز
....
salami

سۆسیس
....
sausage

مریشک
....
chicken

برژاندن، نرژان
....
roast

ماسی
....
fish

شۆرباوی ساوار

....

porridge oats

دانەوێڵەی تێکەڵ

....

muesli

دانەی دانەوێڵە

....

cornflakes

ئارد

....

flour

کرۆسانت، نانێکی فەرەنسی

....

croissant

نانی خڕ

....

bread roll

نان

....

bread

نانی برژاو

....

toast

بسکیت

....

biscuits

کەرە، ڕۆنی کەرە

....

butter

سەرتوێژ، توێژ

....

curd

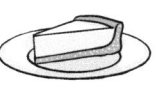

کەیک

....

cake

هێلکە

....

egg

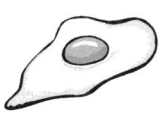

هێلکەی برژاو

....

fried egg

پەنیر

....

cheese

بەستەنی، دۆندرمە

ice cream

شەکر

sugar

هەنگوین

honey

مرەبا

jam

خامەی نۆگات

chocolate spread

بەهارات

curry

مەزرا
farm

farmhouse
تەویلە
barn
کڵۆشی کا
straw bale
مەزرا
field
horse
ماڵی سەفەری
trailer
تراکتۆر
tractor
جوانوو
foal
کەر، گوێدرێژ
donkey
مەڕ
sheep
بەرخ
lamb

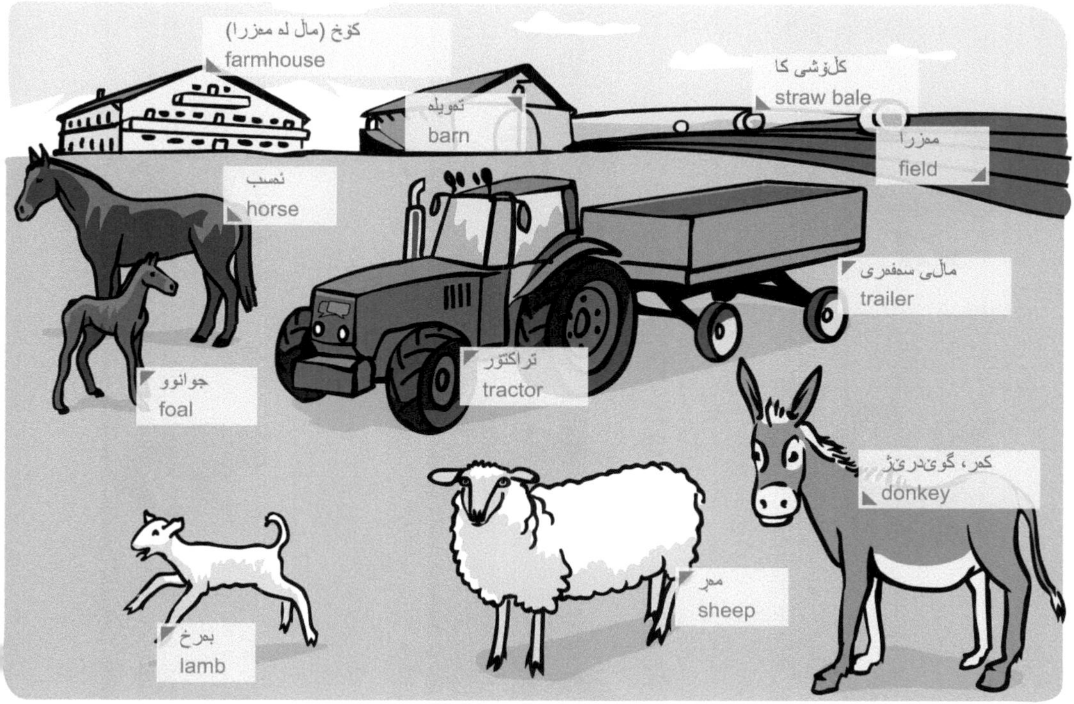

بزن

goat

مانگا

cow

گوێلک

calf

بەراز

pig

فەرخە بەراز

piglet

جوانەگا

bull

مەزرا - farm

قاز

goose

مراوی

duck

جووچک

chick

مریشک

hen

کەڵەشێر

cock

جرج

rat

پشیلە

cat

مشک

mouse

گا

ox

سە، سەگ

dog

کونە سە

doghouse

سۆندە

garden hose

تونگەی ئاودان

watering can

ماڵەغان

scythe

گاسن

plough

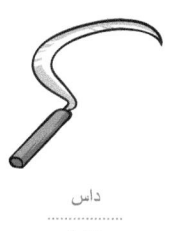

داس

sickle

مەڕە

hoe

شەنە

pitchfork

تەور

axe

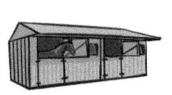

عارەبانەی دەستیی

wheelbarrow

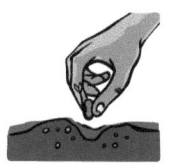

دەفری خواردنی ئاژەڵان

trough

دەفری شیر

milk can

تەلیس

sack

پەرژین

fence

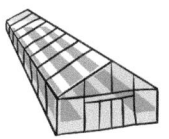

تەویلە

stable

گوڵخانە

greenhouse

خۆڵ

soil

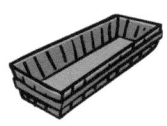

دەنک، تۆو

seed

پەین

fertilizer

کۆمباین

combine harvester

دروێنەکردن

harvest

خەرمان

harvest

پەتاتە

yams

گەنم

wheat

لووبیا، فاسۆلیا

soy

پەتاتە

potato

گەنمەشامی

corn

جۆرێک دەخڵودان

rapeseed

داری بەری

fruit tree

سێوبنەعەرزیلە

cassava

دانەوێلەی تێکەڵ

cereals

ماڵ، خانوو

house

دووکەڵکێش
chimney
سەربان
roof
drainpipe
window
گەراژ
garage
زەنگی دەرگا
doorbell
دەرگا
door
دەفری زبڵ
rubbish bin
سندووقی نامە
letterbox
باخ
garden

ژووری دانیشتن

living room

حەمام، ئاودەستخانە

bathroom

چێشتخانە

kitchen

ژووی خەو

bedroom

ژووری منداڵ

child's room

ژووری نانخوارن

dining room

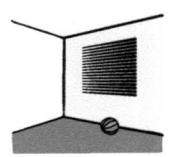

داڵان، ئەرز

floor

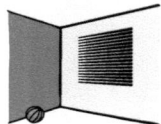

دیوار

wall

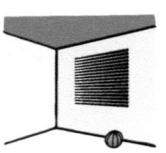

بن میچ

ceiling

ژێرزەمین

cellar

ساونا

sauna

باڵکۆن، هەیوان

balcony

هەیوان

terrace

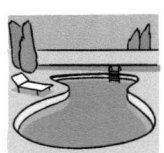

حەوز ، مەلەوانگە

pool

گژوگیابڕ

lawn mower

مەلافە

sheet

مەلافەی نوێن

bedspread

پێخەف، نوێن

bed

گسک

broom

سەتڵ

bucket

سویچ، کلیل

switch

ژووری دانیشتن

living room

کاغەزی دیواری
wallpaper
وێنە
picture
لامپ، چرا، گڵۆب
lamp
ڕەفە
shelf
cupboard
تەلەفیزیۆن
television
ئاگردان
fireplace
گوڵ
flower
cushion
سۆفا
sofa
گوڵدان
vase
کۆنترۆڵ لە ڕێگەی دوور
remote control

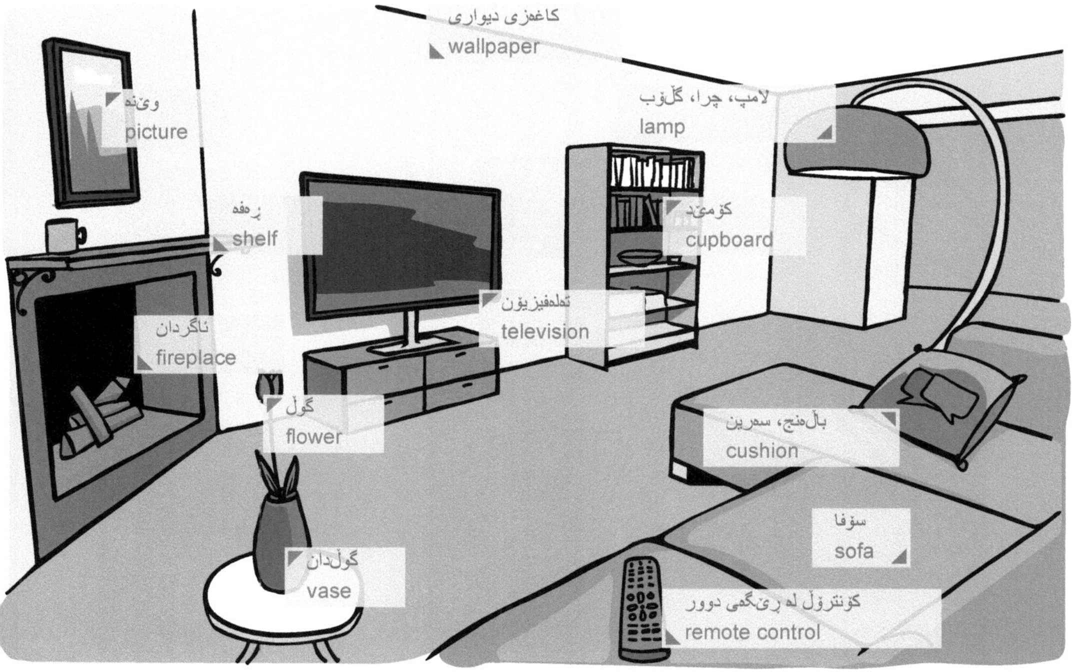

فەرش

carpet

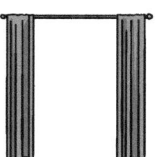

پەردە

curtain

مێز

table

کورسی

chair

کورسی ڕاژاندن

rocking chair

کورسی دەسکدار

armchair

کتێب
....
book

پەتوو، بەتانی
....
blanket

ڕازاندنەوە
....
decoration

داری سووتاندن
....
firewood

فیلم
....
film

ستێریۆ
....
hi-fi equipment

کلیل
....
key

ڕۆژنامە
....
newspaper

نیگار، نیگارکێشان
....
painting

پۆستەر
....
poster

ڕادیۆ
....
radio

تیانووس
....
notepad

گسکی کارەبایی
....
hoover

کاکتووس
....
cactus

مۆم
....
candle

چێشتخانە

kitchen

ساردکەر
fridge
مایکرۆوەیڤ
microwave oven
نان برژێن
toaster
دەرمانی خاوێنکردنەوە
detergent
زۆپا، گاز
oven
بەستێنەر
freezer
دەفری زبڵ
rubbish bin
ئامێری قاپ شۆردن
dishwasher

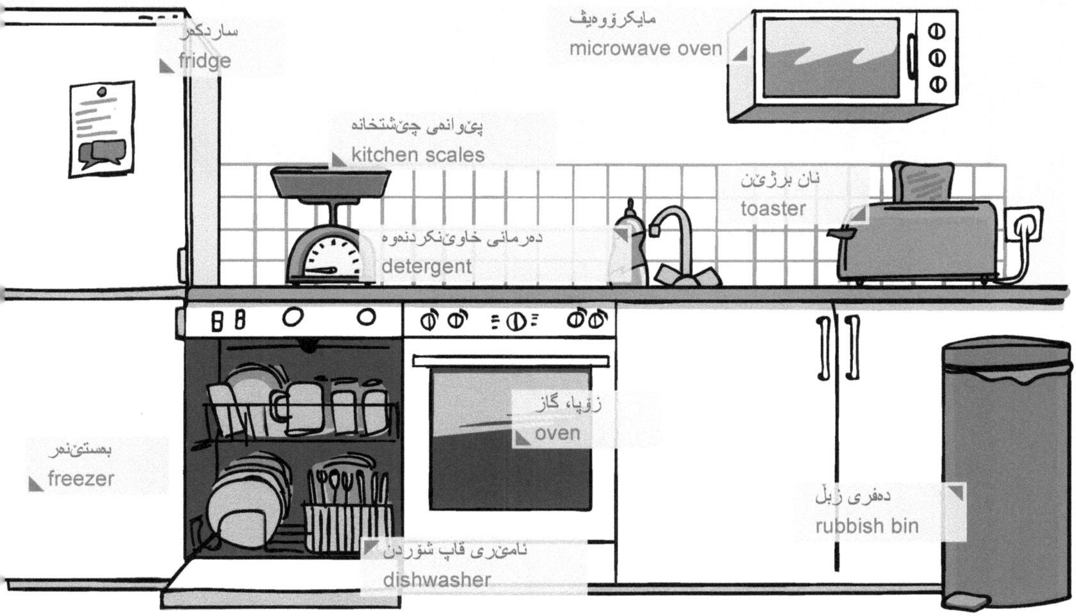

چێشتلێنەر

cooker

مەنجەڵ

pot

قاپی ئوتوو

cast-iron pot

تاوەی قووڵ

wok / kadai

تاوە

pan

کتری، ئاوگەمکەر

kettle

چێشتلێنەری هەڵمی

steamer

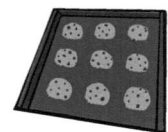

کەشەفی نانکردن

baking tray

قاپ و قاچاغ

crockery

کوپ

mug

قاپ

bowl

چیلکەی نانخواردن

chopsticks

ئەسکوێ

ladle

کەوگیر

spatula

گسک

whisk

سووزمە

strainer

بێژنگ

sieve

ئامێری جنینی پەنیر و سەوزە

grater

دەستار

mortar

برژاندن

barbecue

ئاگر

open fire

تەختەی وردکردن

chopping board

تیرۆک

rolling pin

بورغی فلین

corkscrew

قوتوو

can

قوتووکەرەوە

can opener

دەسرەی مەنجەڵ

pot holder

دەستشۆر

sink

فڵچە

brush

ئیسفەنج

sponge

تێکەڵکەر

blender

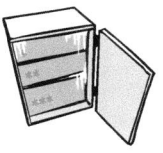

قەرەسی

deep freezer

شووشە شیر

baby bottle

شێری ئاو

tap

حەمام، ئاودەستخانە
bathroom

زۆپا/گەرمکەر
heating
دووشی ئاو، خورژم
shower
خاولی
towel
پەردەی حەمام
shower curtain
کەفی حەمام
bubble bath
حەوزی حەمام
bathtub
لیوان، پەرداخ
glass
ئامێری دەفرشوتن
washing machine
tap
کاشی
tiles
ئاودەستی منداڵان
potty
دەسشۆر
sink

ئاودەست، توالێت

toilet

توالێتی نزم، ئاودەست

squat toilet

جۆرێک توالێت

bidet

توالێت، ئاودەست

urinal

کاغەزی ئاودەستخانە

toilet paper

فڵچەی ئاودەستخانە

toilet brush

فڵچەی ددان

toothbrush

خەمیری ددان

toothpaste

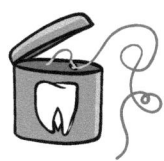

بەنی ددان

dental floss

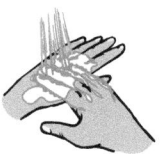

شۆردن، شوتن

wash

خورژمی دەستی

handheld shower

دووش

douche

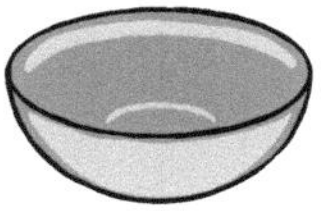

کاسەی دەستوچاوشوتن

basin

فڵچەی پشت

back brush

سابوون

soap

جێڵی خۆشوتن

shower gel

شامپۆ

shampoo

فلانێل

flannel

ئاوەڕۆ

drain

کرێم

cream

بۆنخۆشکەرە

deodorant

ئاوێنە

mirror

ئاوێنەی دەستی

hand mirror

مەکینەی ڕیش تاشین

razor

سابوونی ڕیش تاشین

shaving foam

کرێمی دوای ڕیش تاشین

aftershave

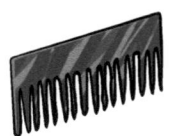

شانە

comb

فڵچە

brush

سێشوار ، سەرئیشککەرەوە

hair dryer

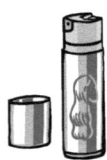

سپرەی قژ

hairspray

سووراوسپیاو

makeup

سووراو

lipstick

ڕەنگی نینۆک

nail varnish

لۆکە

cotton wool

مەقەستی نینۆک

nail scissors

عەتر

perfume

کیسەی حەمام
....
washbag

کورسی بێ پشت
....
stool

پێوەر
....
weighing scale

خاولی حەمام
....
bathrobe

دەستەوانەی چەرم
....
rubber gloves

تامپۆن
....
tampon

خاولی خاوێنکردنەوە
....
sanitary towel

ئاودەستی کیمیایی
....
chemical toilet

ژووری منداڵ

child's room

سەعاتی زەنگدار
alarm clock
cuddly toy
ماشێنی یاری
toy car
شەقشەقەی منداڵ
rattle
خانووی بووکەشووشە

باڵۆن

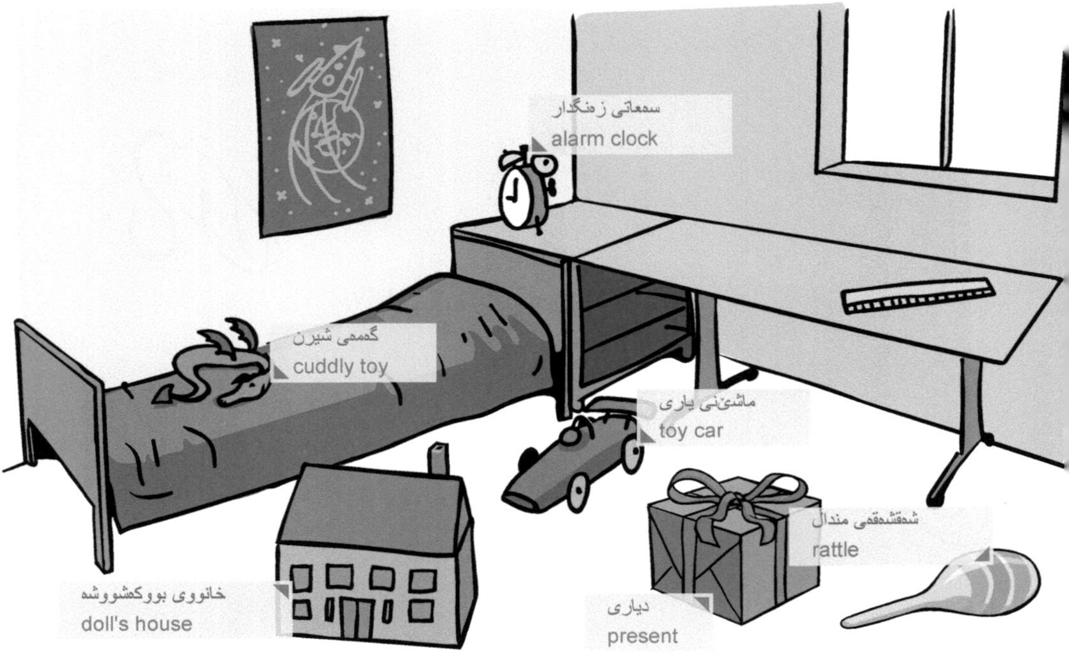

balloon

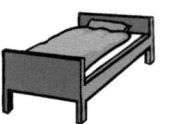

پێخەف، نوێن

bed

داشقەی منداڵ

pram

گەمەی کارت

deck of cards

مەتەڵ، مەتەڵۆک

jigsaw

کۆمێدی

comic

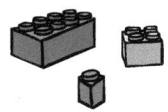

خشتی لێگۆ

lego bricks

خشتی یاری

building blocks

بووکه شووشه

action figure

جلی منداڵ

babygrow

یاری فریزبی

frisbee

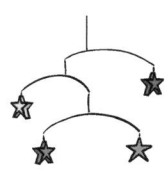

بزۆک، جووڵێنراو

mobile

یاری تەختە

board game

مۆرە

dice

مۆدێلی شەمەندەفەر

model train set

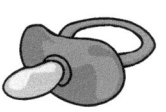

مەمکە مژە

dummy

میوانی، جەژن

party

کتێبی وێنەدار

picture book

تۆپ

ball

بووکەشووشە

doll

کایە کردن، یاری کردن

play

قۆرتی خیزوخۆڵ
....
sandpit

جۆلانە
....
swing

کایەی منداڵان، یاری منداڵان
....
toys

گەمەی ویدیۆیی
....
video game console

سێچەرخە
....
tricycle

ورچی یاری
....
teddy bear

کەنتۆر
....
wardrobe

جلوبەرگ
clothing

گۆرەوی
....
socks

گۆرەوی درێژ
....
stockings

گورەوی درێژ
....
tights

شاڵی مل
scarf

چەتر
umbrella

کراس
t-shirt

قایش، پشتێن
belt

چەکمە، پۆتین
boots

پێڵاو
trainers

پێڵاوی ماڵ
slippers

پاپوچ

sandals

کەوش، پێڵاو

shoes

چەکمەی چەرم

rubber boots

پانتۆڵی ژێرەوە

underpants

ستیان، سوخمە

bra

جلیسقە

vest

جەستە، لەش

body

پانتۆڵ

trousers

پانتۆڵ

jeans

دامەن، تەنوورە

skirt

کراس

blouse

کراس

shirt

بلووز

pullover

بلووز

hoodie

چاکەت

blazer

چاکەت

jacket

باڵتە

coat

بارانی

raincoat

پۆشاک

costume

کراسی ژنانە

dress

جلی زەماوەند

wedding dress

چاکەت و پانتۆڵ

suit

جلی خەو

nightgown

جلی خەو

pyjamas

ساری

sari

لەچکە

headscarf

جەمەدانە، سەرپێچ

turban

بۆرکا

burqa

کەفتان

kaftan

عەبا

abaya

جل و بەرگی مەلەکردن

swimsuit

پانتۆڵی مەلە

trunks

پانتۆڵی کورت

shorts

جلوبەرگی ڕاهێنان

tracksuit

بەروانکە، بەرکوشە

apron

دەستەوانە

gloves

دوگمە
button

چاویلکە
glasses

بازنە
bracelet

ملوانکە
necklace

ئەنگوستیلە
ring

گوارە
earring

کڵاو
cap

داری جل هەڵواسین
coat hanger

کڵاو
hat

بۆینباخ
tie

زیپ
zip

کڵاوی پارێزەر
helmet

هەڵگر
braces

جلی قوتابخانە
school uniform

یەکپۆش
uniform

بەرلیکە، بەرکۆشی منداڵ

bib

مەمکە مژە

dummy

دایبی، پەڕۆشۆر

nappy

نووسینگە، فەرمانگە

office

server
دۆڵابی بەڵگە
filing cabinet
چاپکەر
printer
کاغەز
paper
مۆنیتۆر، پیشانگەر
monitor
ماوس
mouse
مێزی نووسین
desk
بۆخچە
folder
تەختەکلیل
keyboard
سەبەتەی کاغەز
waste-paper basket
کۆمپیوتەر
computer
کورسی
chair

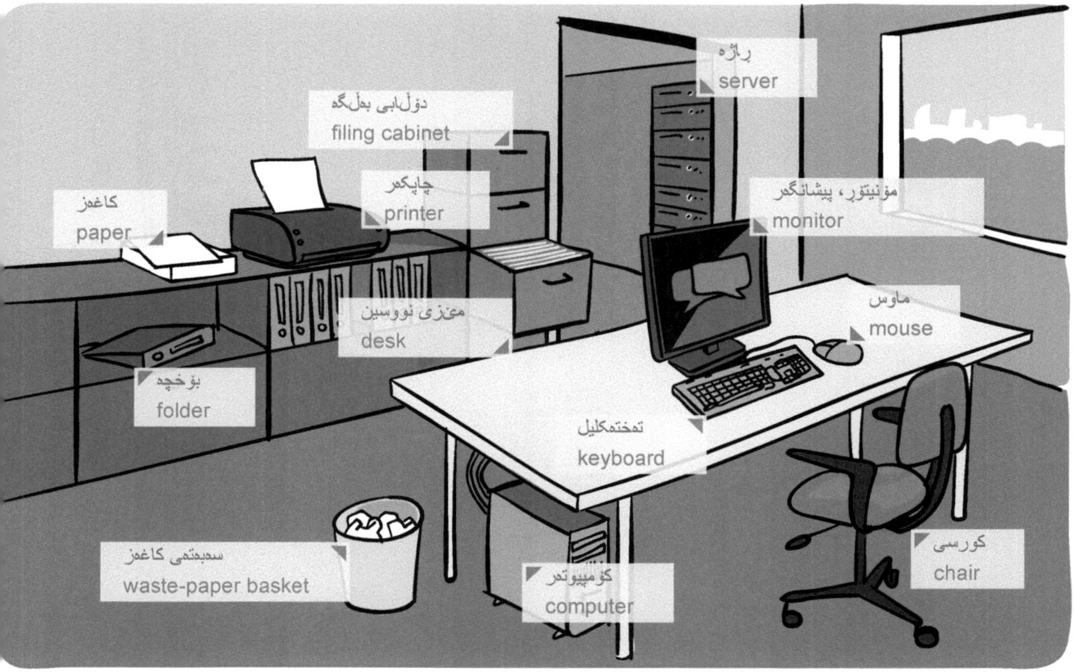

کوپی قاوە

coffee mug

ژمێرەر

calculator

ئینتەرنێت

internet

لەپتۆپ

laptop

نامە

letter

پەیام

message

موبایل، تەلەفۆنی دەست

mobile

تۆڕ

network

ئامێری لەبەرگرتنەوە، کۆپیکەر

photocopier

نەرمەکالا

software

تەلەفۆن

telephone

ساکێتی دووشاخە

plug socket

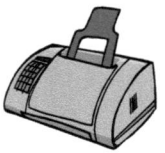

ئامێری فەکس

fax machine

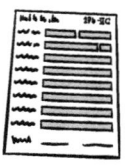

فۆرم

form

بەڵگە

document

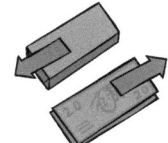

کڕین
....
buy

پارەدان
....
pay

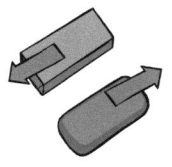

بازرگانی، ئاڵوگۆڕکردن
....
trade

پارە، دراو
....
money

دۆلار
....
dollar

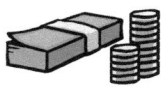

یۆرۆ
....
euro

یەن
....
yen

ڕوبڵی ڕووسی
....
rouble

فرانکی سویسی
....
Swiss franc

یوان، یەکەی دراوی چینی
....
renminbi yuan

ڕووپییە
....
rupee

مەکینەی پارە
....
cashpoint

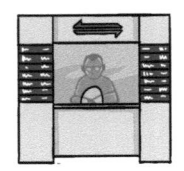

نووسینگەی گۆڕینەوەی دراو

bureau de change

زێڕ

gold

زێو

silver

نەوت

oil

وزە

energy

بەها، نرخ

price

ڕێکەوتننامە

contract

باج

tax

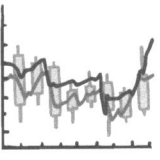

سەهام

stock

کارکردن

work

کارمەند، کارکەر

employee

خاوەنکار

employer

کارخانە

factory

دووکان

shop

فەرمانبەری پولیس
police officer
ئاگرکووژێنەر
fireman
چێشتلێنەر
cook
دکتۆر
doctor
فڕۆکەوان
pilot

باخەوان
....
gardener

دارتاش، مەرەنگوێز
....
carpenter

خەییات
....
seamstress

دادوەر
....
judge

کیمیازان
....
chemist

شانۆگەر، شانۆکار
....
actor

شۆفیری پاس

bus driver

شۆفیر تاکسی

taxi driver

ماسیگر

fisherman

کڵفەت

cleaning lady

وەستای سەربان

roofer

خزمەتکار

waiter

ڕاوچی

hunter

بۆیاخچی

painter

نانکەر

baker

کارەباچی

electrician

بەننا

builder

ئەندازیار

engineer

قەساب

butcher

وەستای بۆری

plumber

پۆستەچی

postman

سەرباز

soldier

نەخشەکێش

architect

ژمێریار، خەزەندار

cashier

گوڵفرۆش

florist

ئارایشگەر

hairdresser

گەیێنەر

conductor

میکانیک

mechanic

کەشتیوان

captain

ددانساز، دوکتوری ددان

dentist

زانا

scientist

مەڵای جوولەکان

rabbi

ئیمام

imam

کەسی ئایینی

monk

قەشە

clergyman

ئامراز و کەرەستە

tools

چەکووش
hammer
پێچبادەر
screwdriver
پلایز
pliers
جەرەبادەر
spanner
مەشخەڵ
torch

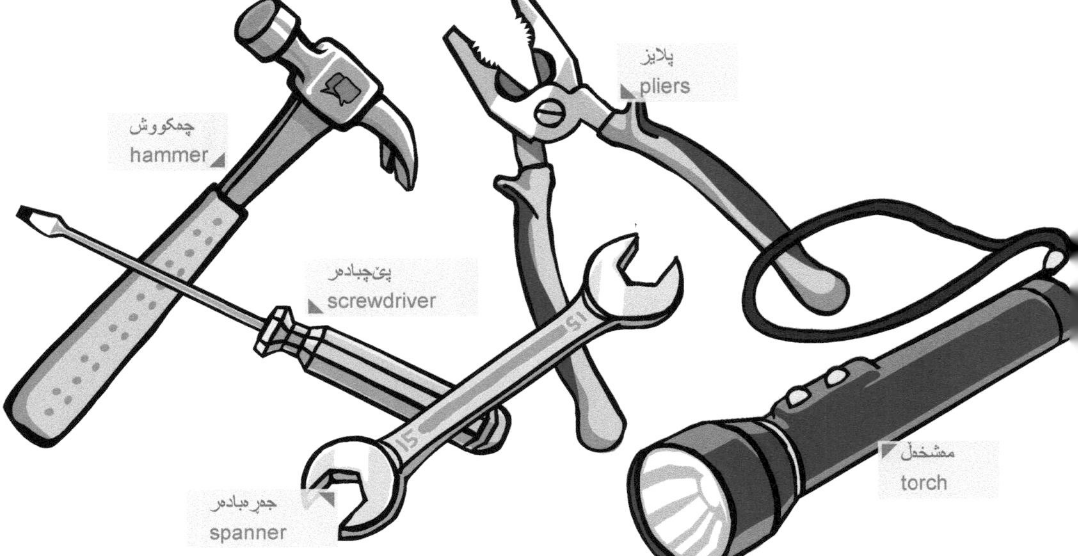

شۆفڵ

digger

سندووقی ئامراز

toolbox

پەیژە

ladder

مشار

saw

بزمارەکان

nails

کونکەرە

drill

چاککردنەوە

repair

پێمەڕە

shovel

نەفرەت!

Damn!

خاکەناز

dustpan

قتووی بۆیاخ

paint pot

پێچەکان، جمرەکان

screws

ئامێرەکانی مووزیک

musical instruments

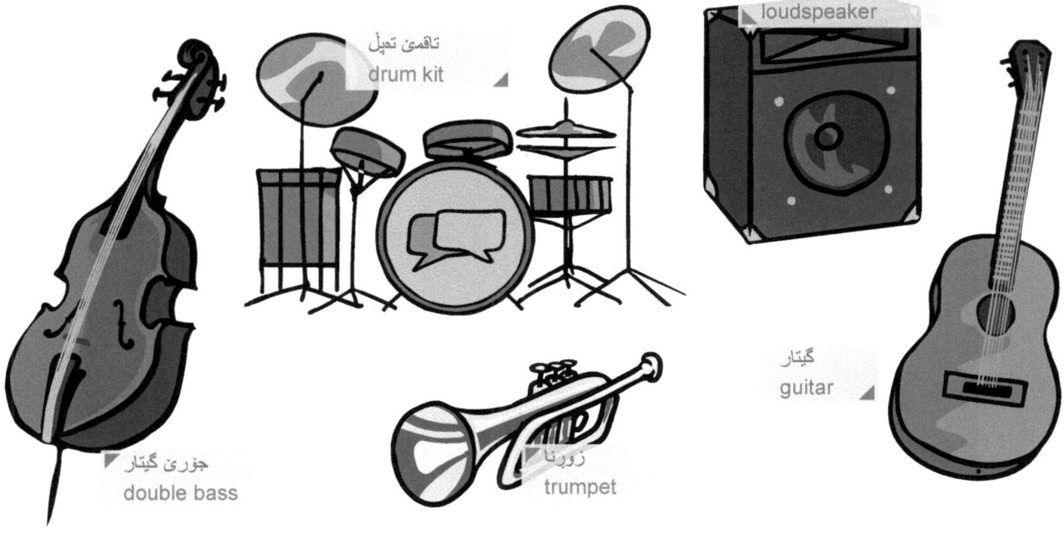

قسەکەر، بڵندگۆ
loudspeaker
تاقمی تەپڵ
drum kit
گیتار
guitar
جۆری گیتار
double bass
زوڕنا
trumpet

پیانۆ

piano

کەمانچە

violin

گیتار

bass

دەهۆڵ

timpani

تەپڵ

drums

تەختەکلیل

keyboard

ساکسافۆن

saxophone

فلووت، شمشاڵ

flute

مایکرۆفۆن

microphone

باخچەی ئاژەڵان

zoo

entrance
tiger
قەفەز
cage
کەرەکێوی
zebra
خواردنی ئاژەڵان
animal feed
ورچی پاندا
panda

ئاژەڵەکان

animals

فیل

elephant

کانگۆرۆ

kangaroo

کەرکەدەن

rhino

گۆریلا

gorilla

ورچ

bear

وشتر

....

camel

وشترمریشک

....

ostrich

شێر

....

lion

مەیموون

....

monkey

فڵامینگۆ

....

flamingo

تووتی

....

parrot

ورچی جەمسەری

....

polar bear

پێنگوین

....

penguin

قرش، سەگەماسی

....

shark

تاووس

....

peacock

مار

....

snake

تیمساح

....

crocodile

پارێزەری باخچەی ئاژەڵان

....

zookeeper

سەگی دەریایی

....

seal

پڵینگ

....

jaguar

ئەسپی قەزەم
....
pony

پشیلەی پڵینگی
....
leopard

ئەسپی ئاوی
....
hippo

زەرافە
....
giraffe

هەڵۆ
....
eagle

بەرازی کێوی
....
boar

ماسی
....
fish

کیسەڵ
....
turtle

واڵڕاس، ئاژەڵێکی دەریایی
....
walrus

ڕێوی
....
fox

ئاسک
....
gazelle

وەرزش

sports

تۆپیپێی ئەمریکی
American football
دووچەرخەلێخوڕین
cycling
تێنیس
tennis
تۆپی باسکە
basketball
مەلەکردن
swimming
بۆکسێن
boxing
هۆکی سەر سەهۆڵ
ice hockey

فووتبۆڵ

football

بەدمینتۆن

badminton

وەرزشوان

athletics

هەندباڵ

handball

خلیسکێن

skiing

پۆلۆ

polo

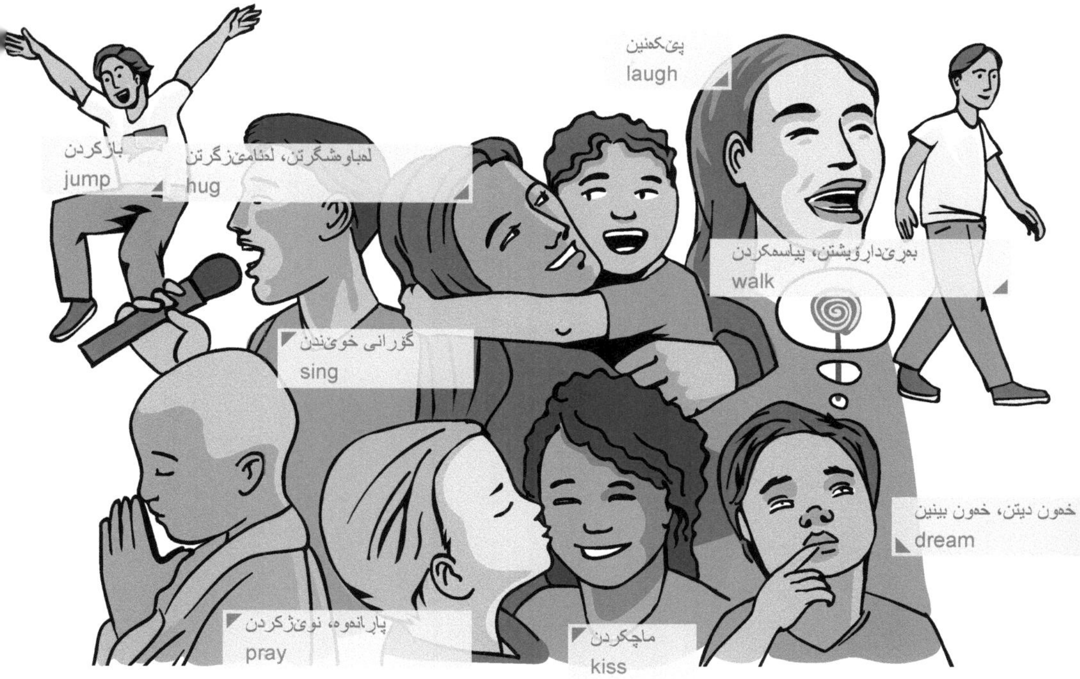

پێکەنین
laugh
بازکردن
jump
لەباوەشگرتن، لەئامێزگرتن
hug
بەڕێداڕۆیشتن، پیاسەکردن
walk
گۆرانی خوێندن
sing
خەون دیتن، خەون بینین
dream
پاڕانەوە، نوێژکردن
pray
ماچکردن
kiss

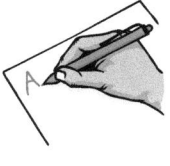

نووسین
write

وێنەکێشان
draw

نیشاندان
show

پاڵ پێوەنان
push

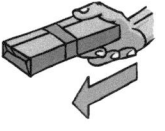

دان
give

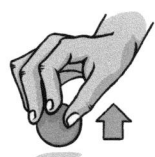

هەڵگرتن
take

هەبوون

have

کردن

do

بوون

be

ڕاوەستان

stand

هەڵاتن

run

کێشان

pull

هاویشتن

throw

کەوتن

fall

درۆکردن

lie

چاوەڕێبوون

wait

هەڵگرتن

carry

دانیشتن

sit

جل لەبەرکردن

get dressed

خەوتن

sleep

لەخەوهەستان

wake up

چاولێکردن

look at

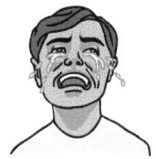

گریان

cry

جەڵتەلێدان

stroke

قژداهێنان، شانەکردن

comb

قسەکردن

talk

تێگەیشتن

understand

پرسیارکردن، پرسین

ask

گوێڕاگرتن

listen

خواردنەوە

drink

خواردن

eat

ڕێکوپێک کردن

tidy up

خۆشویستن

love

چێش لێنان

cook

شۆفێریکردن

drive

فڕین

fly

کەشتیوانی

sail

حسابکردن، ژماردن

calculate

خوێندنەوە

read

فێربوون

learn

کارکردن

work

زەماوەندکردن

marry

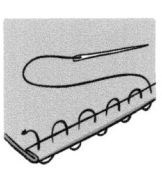

دورین، دورومانکردن

sew

فڵچە لەددان دان

brush teeth

کوشتن

kill

جگەرەکێشان

smoke

ناردن

send

دایمگوورە
grandmother

باوەمگوورە
grandfather

باوک، باب
father

دایک
mother

مندالّی ساوا
baby

کچ
daughter

کوڕ
son

مێوان
....
guest

پوور
....
aunt

مام، خاڵ
....
uncle

برا
....
brother

خوشک
....
sister

جەستە، لەش

body

ناوچاوان، تویَڵ
forehead
چاو
eye
شان
shoulder
قامک
finger
دەموچاو، ڕوومەت
face
چەنە
chin
دەست
hand
لاق
leg
سنگ
breast
باسک، قۆڵ
arm

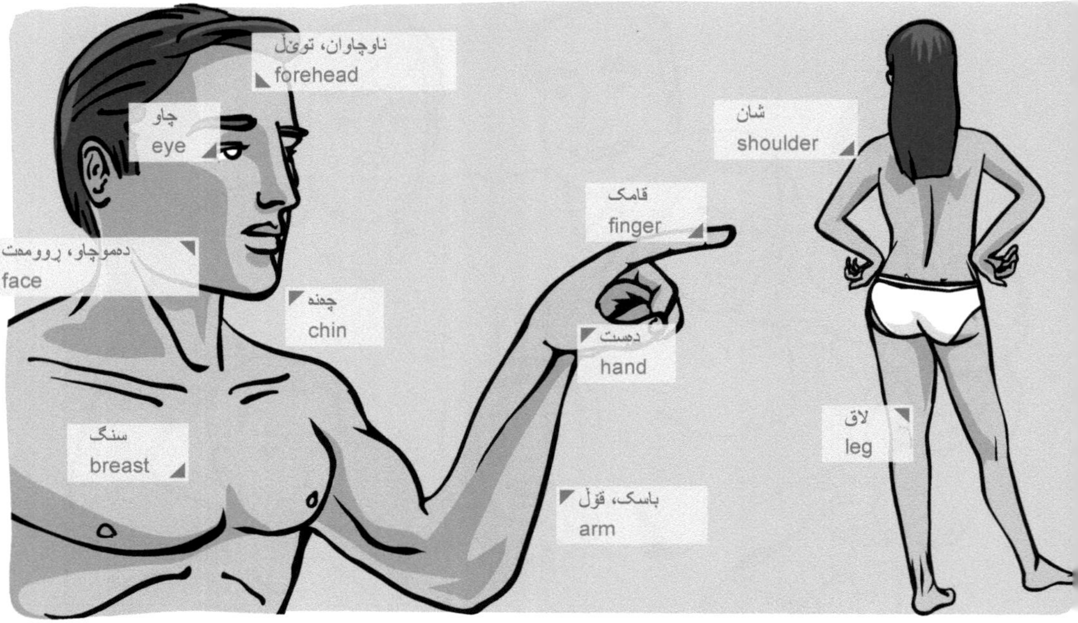

منداڵی ساوا

baby

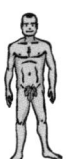

پیاو

man

ژن

woman

کچ

girl

کوڕ

boy

سەر

head

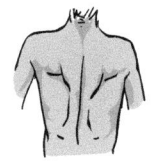

پشت

back

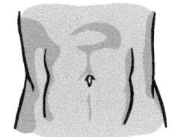

زگ

belly

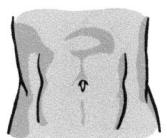

ناوک

belly button

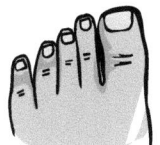

قامکی پێ

toe

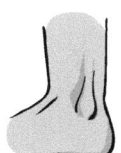

پاژنەی پێ

heel

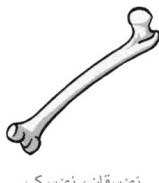

ئێسقان، ئێسک

bone

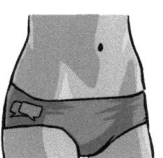

سمت

hip

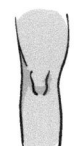

ئەژنۆ

knee

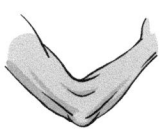

ئانیشک

elbow

لووت

nose

قوون

bottom

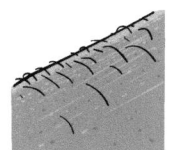

پێست

skin

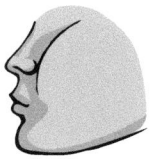

گوپ

cheek

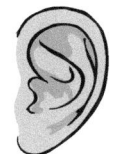

گوێ

ear

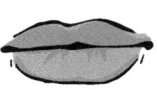

لێو

lip

دەم، زار

mouth

ددان

tooth

زمان

tongue

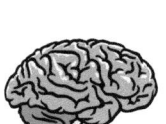

مێشک

brain

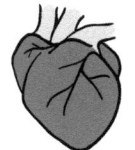

دڵ

heart

ماسوولکە

muscle

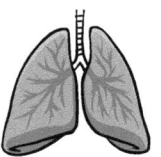

سیپەلاک، سی

lung

جەرگ

liver

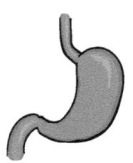

گەدە

stomach

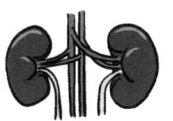

گورچیلە

kidneys

سێکس

sex

کۆندۆم

condom

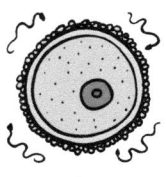

توو، گەرا

ovum

تۆو

semen

دووگیانی

pregnancy

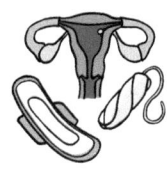

کەوتنە سەر خوێن

....

menstruation

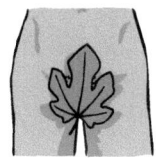

زێ

....

vagina

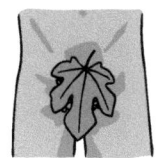

کێڕ

....

penis

برۆ

....

eyebrow

قژ

....

hair

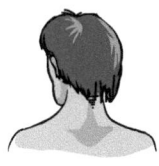

مل

....

neck

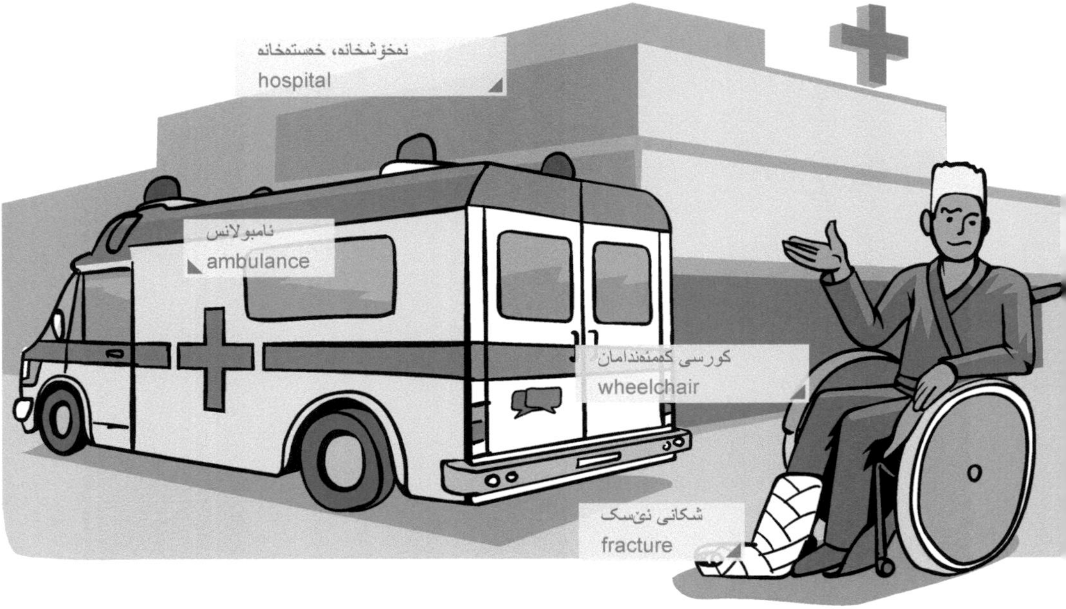

نەخۆشخانە، خەستەخانە
hospital

ئامبولانس
ambulance
کورسی کەمئەندامان
wheelchair
شکانی ئێسک
fracture

دکتۆر

doctor

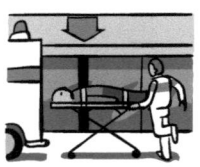

ژووری فریاکەوتن

emergency room

نەخۆشوان

nurse

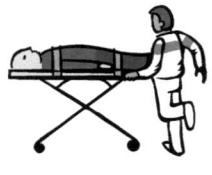

ئورژانس، بەشی فریاکەوتن

emergency

بێهۆش

unconscious

ژان، ئێش

pain

برینداری
....
injury

خوێنڕێژی
....
bleeding

جەڵتەی دڵ
....
heart attack

جەڵتە
....
stroke

ئالێرژی، هەستیاری
....
allergy

کۆخە
....
cough

تا
....
fever

ئەنفلۆنزا
....
flu

زگچوون
....
diarrhoea

سەرێشە، ژانەسەر
....
headache

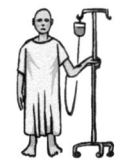

سەرەتان
....
cancer

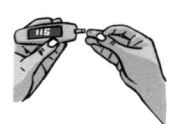

شەکرە
....
diabetes

نەشتەرگەر
....
surgeon

نەشتەر، چەقۆی توێکاری
....
scalpel

نەشتەرگەری
....
operation

CT

CT

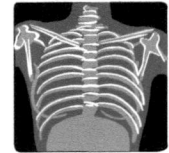

تیشکی ئێکس

x-ray

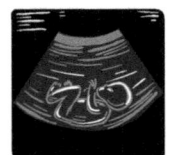

ئوڵتراساوند

ultrasound

ماسکی ڕوومەت

face mask

نەخۆشی

disease

ژووری چاوەڕێبوون

waiting room

گۆچان

crutch

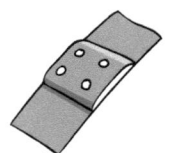

مشەما

plaster

برین پێچ

bandage

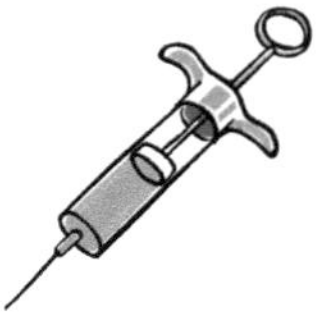

دەرزی لێدان

injection

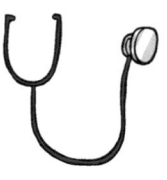

بیستۆکی پزیشک

stethoscope

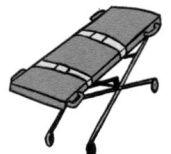

داربەست

stretcher

گەرماپێوی کلینیکی

clinical thermometer

لەدایکبوون

birth

زیادەکێشە/قەڵەویی

overweight

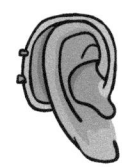

بیستۆک

....

hearing aid

میکرۆبکوژ

....

disinfectant

چڵک

....

infection

ویروس

....

virus

ئەیدز

....

HIV / AIDS

دەرمان

....

medicine

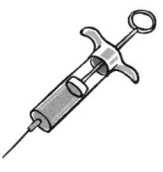

کوتان

....

vaccination

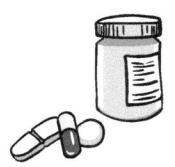

حەب

....

tablets

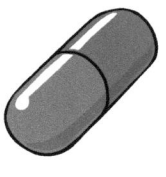

حەب

....

pill

تەلەفۆنی فریاکەوتن

....

emergency call

پیشانگەری پەستانی خوێن

....

blood pressure monitor

نەخۆش / سڵامەت

....

ill / healthy

ئورژانس، بەشی فریاکەوتن

emergency

یارمەتی!
....
Help!

ئاگادارکردنەوە، ئەلارم
....
alarm

دەستدرێژی
....
assault

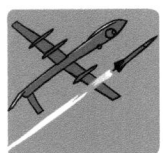

هێرشکردن
....
attack

مەترسی
....
danger

چوونەدەرەوەی ئورژانس
....
emergency exit

ئاگر!
....
Fire!

ئاگرکوژێنەوە
....
fire extinguisher

ڕووداو، پێشهات
....
accident

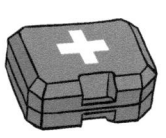

قوتووی یارمەتی فریاکەوتن
....
first-aid kit

SOS
....
SOS

پولیس
....
police

ئەرز، زەوی
Earth

ئەوروپا
....
Europe

ئەمریکای باکوور
....
North America

ئەمریکاری باشوور
....
South America

ئافریقا
....
Africa

ئاسیا
....
Asia

ئوسترالیا
....
Australia

ئەتڵەسی، ئۆقیانووسی ئەتڵەسی
....
Atlantic

زەریای هێمن
....
Pacific

ئۆقیانووسی هیندی
....
Indian Ocean

ئۆقیانووسی جەمسەری باشوور
....
Antarctic Ocean

ئۆقیانووسی جەمسەری باکوور
....
Arctic Ocean

جەمسەری باکوور
....
North Pole

جەمسەری باشوور
....
South Pole

ناوچەی جەمسەری باشوور
....
Antarctica

ئەرز، زەوی
....
Earth

خاک، وشکانی
....
land

دەریا، زەریا
....
sea

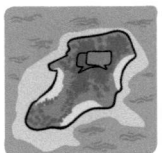

دوورگە
....
island

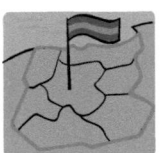

گەل، نەتەوە
....
nation

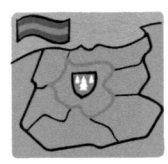

وڵات، پارێزگا، دەوڵەت
....
state

روخساری کاتژمێر

clock face

نیشاندەری کاتژمێر

hour hand

نیشاندەری خولەک

minute hand

دەستی دوو

second hand

کاتژمێر چەندە؟، سەعات چەندە؟

What time is it?

ڕۆژ

day

کات، زەمان

time

ئێستا، هەنووکە

now

کاتژمێری دیجیتاڵی

digital watch

خولەک

minute

کاتژمێر

hour

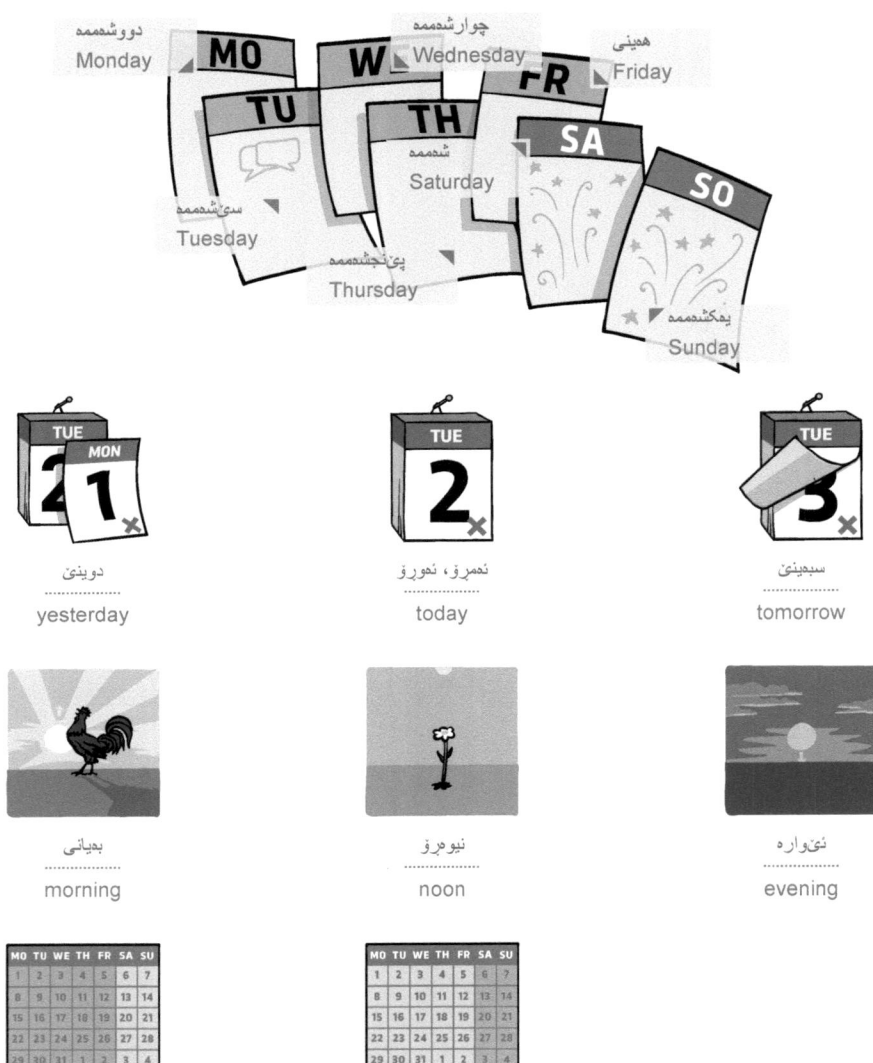

هەفتە

week

دووشەممە
Monday
MO
چوارشەممە
Wednesday
W
هەینی
Friday
FR
TU
TH
شەممە
Saturday
SA
سێشەممە
Tuesday
پێنجشەممە
Thursday
یەکشەممە
Sunday

TUE
MON

دوێنێ

yesterday

TUE

ئەمڕۆ، ئەورۆ

today

TUE

سبەینێ

tomorrow

بەیانی

morning

نیوەڕۆ

noon

ئێوارە

evening

ڕۆژی کار

business days

کۆتایی هەفتە

weekend

ساڵ

year

باران
rain
کۆلکەزێڕینە
rainbow
بەفر
snow
بازکردن
wind
بەهار
spring
پاییز
autumn
هاوین
summer
زستان
winter

4.APRIL 11°
5.APRIL 4°
6.APRIL 13°
7.APRIL 8°
8.APRIL 10°

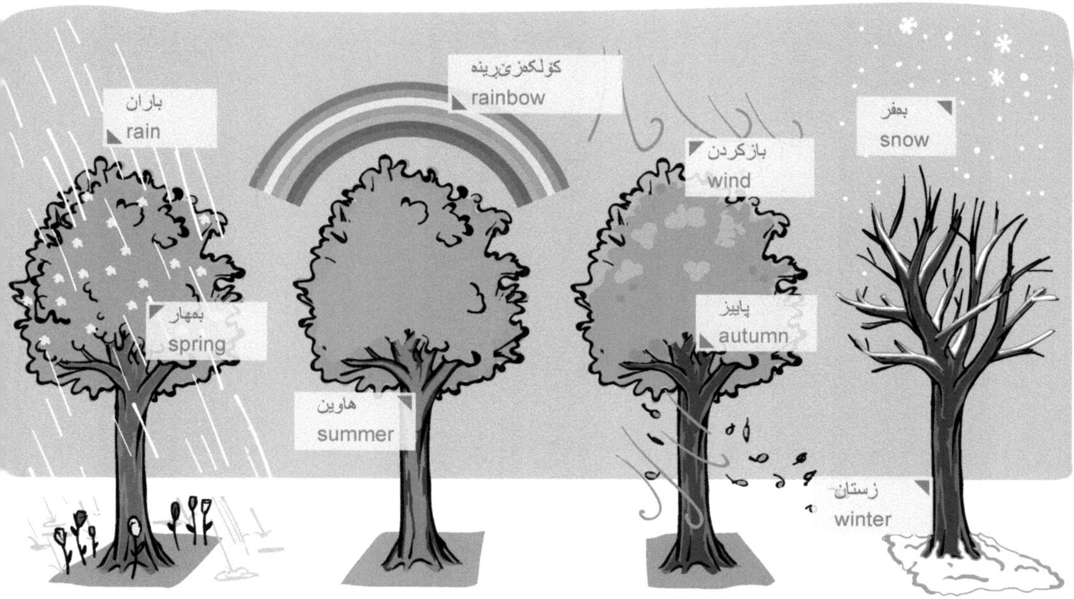

پێشبینی هەوا

weather forecast

0
10
0
-10

گەرماپێو

thermometer

خۆرەتاو

sunshine

هەور

cloud

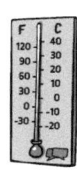

تەمومژ

fog

تەڕایی

humidity

هەورەتریشقە، بروسکە

lightning

هەورەگرمە

thunder

باوبۆران، تۆفان

storm

تەرزە

hail

مانسوون

monsoon

لافاو

flood

سەهۆڵ

ice

جانیوەری

January

فێبریوەری

February

مارچ

March

ئەپیریل

April

مەی

May

جوون

June

جوولای

July

ئۆگۆست

August

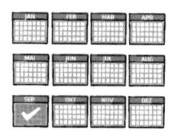

سێپتەمبەر
....
September

ئۆکتۆبەر
....
October

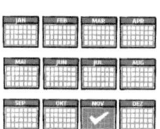

نۆڤەمبەر
....
November

دێسەمبەر
....
December

شێوەوەکان

shapes

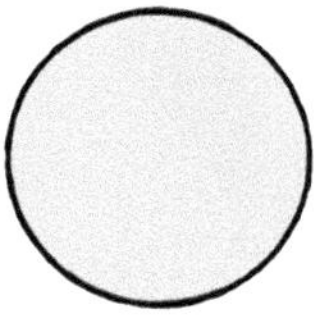

بازنە
....
circle

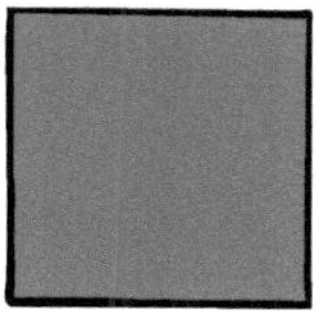

چوارگۆشە
....
square

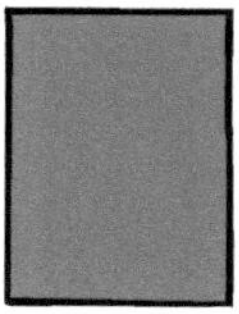

چوارگۆشەی درێژ
....
rectangle

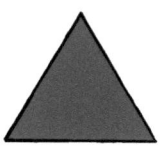

سێگۆشە
....
triangle

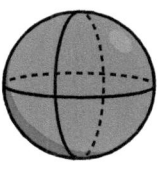

تۆپ، گۆ
....
sphere

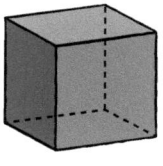

خشتەک
....
cube

ڕەنگەکان

colours

سپی
white

زەرد
yellow

پرتەقاڵیی
orange

پەمەیی
pink

سوور
red

بنەوش
purple

شین
blue

سەوز
green

قاوەیی
brown

بۆر
grey

ڕەش
black

دژبەرەکان

opposites

زۆر / کەم

a lot / a little

تووڕە / لەسەرەخۆ

angry / calm

جوان / ناحەز

beautiful / ugly

سەرەتا / کۆتایی

beginning / end

گەورە / چکۆلە

big / small

ڕووناک / تاریک

bright / dark

برا / خوشک

brother / sister

خاوێن / چڵکن

clean / dirty

تەواو / ناتەواو

complete / incomplete

ڕۆژ / شەو

day / night

مردوو / زیندوو

dead / alive

پان / تەنگ

wide / narrow

خۆش / ناخۆش

edible / inedible

نەگریس / بەبەزەیی

evil / kind

وروژاو / بێزار

excited / bored

قەڵەو / لاواز

fat / thin

یەکەم / ئاخر

first / last

دۆست / دوژمن

friend / enemy

پڕ / خاڵی

full / empty

ڕەق / نەرم

hard / soft

قورس / سووک

heavy / light

برسی / توونی

hunger / thirst

نەخۆش / سڵامەت

ill / healthy

نایاسایی / یاسایی

illegal / legal

زیرەک / گەمژە

intelligent / stupid

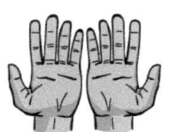

چەپ / ڕاست

left / right

نزیک / دوور

near / far

نوێ / کۆن، بەکارهاتوو

new / used

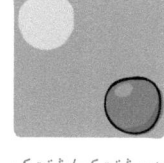

هیچ شتێک / شتێک

nothing / something

پیر / لاو

old / young

هەڵکراو / کوژاوه

on / off

کراوه / داخراو

open / closed

بێدەنگ / دەنگی بەرز

quiet / loud

دەوڵەمەند / هەژار

rich / poor

ڕاست / هەڵه

right / wrong

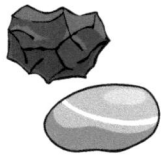

زبر / ساف

rough / smooth

خەمین / خۆشحاڵ

sad / happy

کورت / درێژ

short / long

هێواش / خێرا

slow / fast

تەڕ / وشک

wet / dry

گەرم / فێنک

warm / cool

شەڕ / ئاشتی

war / peace

ژمارەکان
numbers

0 سیفر zero	**1** یەک one	**2** دوو two
3 سێ three	**4** چوار four	**5** پێنج five
6 شەش six	**7** حەوت seven	**8** هەشت eight
9 نۆ nine	**10** دە ten	**11** یازدە eleven

12	13	14
دوازده	سێزده	چوارده
twelve	thirteen	fourteen
15	16	17
پازده، پانزه	شازده	حەفدە
fifteen	sixteen	seventeen
18	19	20
هەژده	نۆزده	بیست
eighteen	nineteen	twenty
100	1.000	1.000.000
سەد	هەزار	میلیۆن
hundred	thousand	million

languages

ئینگلیزی
....
English

ئینگلیزی ئەمەریکی
....
American English

چینی ماندارین
....
Chinese Mandarin

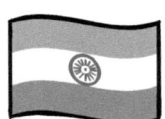

هێندی
....
Hindi

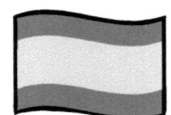

ئیسپانی
....
Spanish

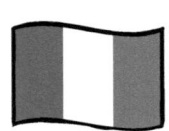

فەرەنسی
....
French

عەرەبی
....
Arabic

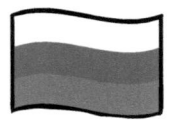

ڕووسی
....
Russian

پۆرتوگالی
....
Portuguese

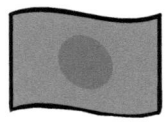

بەنگالی
....
Bengali

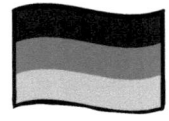

ئاڵمانی
....
German

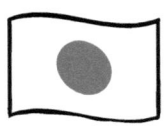

ژاپۆنی
....
Japanese

کێ / چی / چۆن
who / what / how

من

I

تۆ

you

ئەو

he / she / it

ئێمە

we

ئێوە

you

ئەوان

they

کێ؟

who?

چی؟

what?

چۆن؟

how?

لەکوێ؟

where?

کەنگێ؟ کەی؟

when?

ناو

name

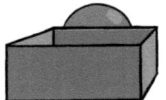

شوێن

where

لەپشت

behind

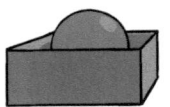

لە

in

لەپێش

in front of

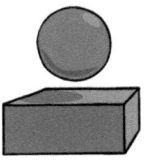

سەرێ

over

لەسەر

on

ژێر

under

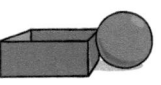

لە تەنیشت

beside

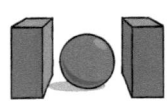

لەنێوان

between

شوێن، جێ

place